CALLE KOCHT Omas Rezepte

Aus Omas Ofen

CALLE KOCHT
Omas Rezepte

Aus Omas Ofen

Lieblingsgerichte aus der guten alten Zeit

riva

Calle

Inhalt

Backofengerichte aus der guten alten Zeit

Für Annelies.

Was für eine Arbeit, was für eine Hitze, was für ein Dreck! Der alte Kohleofen mitten in der alten Küche war schon ein echtes Liebhaberstück.

Mich als Kind faszinierte der lange Riss in der schweren Herdplatte am meisten: Je heißer der Herd war, desto breiter wurde der Spalt und gab den Blick frei – direkt in die weiße Höllenglut seines Inneren.

Und auf diesem Monstrum in unserem Landgasthof vor den Toren Hamburgs kochte meine Oma.

Aus heutiger Sicht, mit den edelstahlverkleideten Hochleistungsöfen, ihren Computern und Sensoren, ist es wirklich unfassbar, was Oma früher alles auf und in ihrem Herd zaubern konnte.

Bei allen Rezepten in diesem Buch schwingt meine ehrliche Bewunderung mit – für die »gute alte« Zeit.

Und für meine Oma.

Gemüse aus dem Rohr

Kein anderes Gericht hat meine Oma öfter für uns gekocht – und gleichzeitig für das gesamte Personal in ihrem Restaurant. Wir alle haben es geliebt.

Kohlrabi-Blumenkohl-Gratin

ZUTATEN FÜR 4 PERSONEN:

1 Blumenkohl
2 Kohlrabi
50 g Butter
60 g Mehl
800 ml Kochfond vom Gemüse
200 ml Sahne
Salz und Pfeffer
Muskatnuss, gerieben
1 Spritzer Zitronensaft
100 g Edamer zum Überbacken

Den Blumenkohl in Röschen schneiden. Die Blumenkohlröschen in kaltem Salzwasser einlegen. So werden eventuelle Bewohner daraus vertrieben.

Den Backofen auf 200 °C Umluft vorheizen.

Den Kohlrabi schälen und dabei alle hölzernen Stellen entfernen. In gleichmäßige, nicht zu kleine Stücke schneiden. 800 ml Wasser mit etwas Salz zum Kochen bringen und erst die Kohlrabistücke und dann die Blumenkohlröschen – nicht zu weich – kochen.

Das gekochte Gemüse trocken in einer Auflaufform anrichten und darauf achten, dass die Röschen nach oben zeigen.

Nun eine Béchamelsoße herstellen, dazu die Butter in einen Topf geben und bei mittlerer Hitze schmelzen. Mehl hinzufügen und unter Rühren kurz anschwitzen. Den Kochfond nach und nach zugießen und gut mit dem Schneebesen verrühren, damit sich keine Klumpen bilden.

Ist der komplette Fond verarbeitet, die Sahne einrühren. Die Soße aufkochen, dann 2–3 Minuten sanft köcheln lassen und mit Salz, Pfeffer, etwas Muskatnuss und Zitronensaft abschmecken.

Den Käse reiben. Die fertige Soße über das Gemüse geben und alles mit dem geriebenen Käse bestreuen.

Das Gratin im Ofen ca. 20–25 Minuten goldgelb überbacken. Dazu passen Salzkartoffeln, und wer mag, kann das Gemüse vor der Soße noch mit Streifen von gekochtem Schinken bestreuen.

Was für ein lautes Knacken und Brechen, wenn Oma die stabilen Gurken halbierte! Das konnte doch nicht so schwer sein, wenn Oma das schon schaffte. Mein hartes Probierstück erbrachte dann allerdings ein deutlich anderes Ergebnis.

Gurken mit Speck in Dillsahne

ZUTATEN FÜR 4 PERSONEN:

2 große Schmorgurken
200 g Speck
2 Zwiebeln
½ Bund Dill
1 EL Pflanzenöl
Salz und Pfeffer
300 ml Sahne
1 Spritzer Zitronensaft
1 Prise Zucker

Den Backofen auf 170 °C Umluft vorheizen.

Die Gurken waschen, schälen, der Länge nach halbieren und entkernen. Die Gurkenhälften nun in 1 cm breite Stücke schneiden.

Den Speck in feine Streifen schneiden.

Die Zwiebeln schälen und auch in Streifen schneiden.

Den Dill zupfen und fein schneiden.

Den Speck mit dem Öl in einem Bräter knusprig ausbraten. Die Zwiebeln hinzugeben und kurz mit anbraten.

Nun die Gurkenstücke hinzugeben, salzen, pfeffern und kurz anschwitzen. Mit der Sahne übergießen.

Im Backofen 20 Minuten schmoren. Vor dem Anrichten noch den Dill unterrühren. Mit Zitronensaft und Zucker abschmecken.

Die Gurken eignen sich gut als Beilage zu Frikadellen.

Zugegebenerweise gab es dieses Gericht sehr selten. Denn Oma war so manchem Neuen gegenüber etwas kritisch. Aber wenn die Nachbarin schon sagte: »Annelies, probier doch mal«, dann war das Interesse geweckt. Und dass das mit Spaghettifäden im Kürbis wirklich so gut funktionierte, war schon verblüffend.

Spaghettikürbis

ZUTATEN FÜR 4 PERSONEN:

2 Spaghettikürbisse
4 Scheiben Toast
80 g Butter
20 Kirschtomaten
200 g Edamer
4 EL Pflanzenöl
Salz und Pfeffer

Den Backofen auf 180 °C Umluft vorheizen.

Die Kürbisse waschen und der Länge nach vorsichtig halbieren, entkernen und mit der Schnittstelle nach unten auf ein Backblech legen. Im Ofen für 45 Minuten vorgaren.

Die Toastscheiben würfeln, mit der Butter in einer Pfanne goldgelb braten und beiseitestellen.

Die Kirschtomaten waschen und halbieren. Den Käse grob reiben.

Den vorgegarten Kürbis aus dem Ofen nehmen, die Hälften nun umdrehen und mit je einem Löffel Öl beträufeln. Salzen und pfeffern und im Ofen weitere 15 Minuten garen.

Das Kürbisfleisch ist nun so weich, dass es mit einer Gabel in der Kürbisschale gezupft und gerissen werden kann. So entstehen spaghettiähnliche Fasern.

Diese Fasern werden nun mit den Kirschtomaten und den Toastwürfeln vermengt und mit dem Käse bestreut.

Im Ofen bei 200 °C Ober -/Unterhitze ca. 15–20 Minuten goldgelb überbacken.

Dazu passt ein Quarkdip mit frischen Kräutern.

TIPP:
Wer mag, kann auch in Streifen geschnittenen gekochten Schinken dazugeben.

Wir alle liebten Omas Kohlrouladen. Doch leider fehlte es oft an Zeit, sie zu kochen. Und deshalb gab es praktisch als Ersatz diesen Kohlauflauf. Und geschmeckt hat er eigentlich fast genauso gut. Aber eben nur fast.

Kohlauflauf

ZUTATEN FÜR 4 PERSONEN:

½ Weißkohl
600 g mehligkochende Kartoffeln
200 g Karotten
2 Gemüsezwiebeln
2 EL Pflanzenöl
Salz und Pfeffer
1 TL gemahlener Kümmel
Muskatnuss
½ l Gemüsebrühe

Den Backofen auf 160 °C Umluft vorheizen.

Den Weißkohl noch einmal durchschneiden, vom Strunk befreien und in möglichst gleich große blättrige Stücke schneiden.

Die Kartoffeln waschen, schälen und wieder waschen. Nun in gleichmäßige Würfel von ca. 1 × 1 cm schneiden.

Die Karotten schälen, der Länge nach halbieren, vierteln und ebenfalls in gleichmäßige Stücke schneiden.

Die Zwiebeln schälen, halbieren und in halbe Ringe schneiden.

Den Kohl in einem Bräter mit dem Öl kurz anbraten, sodass er etwas Farbe bekommt. Mit Salz, Pfeffer, etwas Kümmel und wenig Muskatnuss würzen. Dann den Kohl wieder aus dem Bräter nehmen.

An seiner Stelle nun die Kartoffeln ebenfalls kurz anbraten, würzen und wieder herausnehmen.

Das Gleiche mit den Karotten und den Zwiebeln wiederholen.

Zuerst die Hälfte der Kartoffeln, dann je die Hälfte der Zwiebeln und Karotten und dann die Hälfte des gebratenen Kohls als gleichmäßige Schichten in den noch heißen Bräter geben. In der gleichen Reihenfolge die restlichen Zutaten schichten.

Mit der Gemüsebrühe so angießen, dass der Kohl gerade benetzt ist. Bei Bedarf noch etwas Wasser hinzufügen.

Im Backofen für 45 Minuten schmoren.

Was für ein großartiges Gericht: Lecker duftend und so herrlich appetitlich! Leider gab es den Zwiebelkuchen nur für die Gäste, nie für uns Kinder. Und nicht nur der Kuchen war erstaunlicherweise schnell weg, sondern auch der Federweißer leer.

Zwiebelkuchen

ZUTATEN FÜR 8 PERSONEN (1 BACKBLECH):

Für denTeig:
60 g Butter
160 ml Milch
1 EL Honig
½ Würfel Hefe
280 g Mehl
1 Prise Salz

Für den Belag:
900 g Zwiebeln
250 g Schinkenspeck
Salz und Pfeffer
Thymian
20 g Butter zum Einfetten des Bleches
3 Eigelb
200 ml Sahne
gemahlener Muskat
150 g Gouda

Für den Teig die Butter in einem Topf schmelzen und in eine Schüssel geben. Die Milch in einem Topf auf 40 °C erwärmen und zur Butter gießen. Honig und Hefe dazugeben und mit dem Schneebesen glatt rühren. Diese Mischung ca. 15 Minuten gehen lassen, bis die Hefe deutlich schäumt.

Jetzt Mehl und Salz zufügen und mit dem Küchengerät gut verkneten. Den Teig mit einem feuchten Tuch abgedeckt bei 40 °C im Backofen gehen lassen, bis sich sein Volumen verdoppelt hat.

In der Zwischenzeit für den Belag die Zwiebeln schälen und in Streifen schneiden. Den Speck in Streifen schneiden und in einer großen Pfanne leicht anbraten. Den Speck herausnehmen und im verbliebenen Fett die Zwiebeln andünsten. Mit wenig Salz, Pfeffer und etwas Thymian würzen und beiseitestellen.

Den aufgegangenen Teig aus dem Backofen nehmen, nochmals gut durchkneten und auf die Größe des Backblechs ausrollen. Das Backblech mit der Butter einfetten und mit dem Teig belegen.

Mit einem feuchten Tuch abdecken und wieder 10 Minuten bei 40 °C gehen lassen. Den Backofen auf 190 °C Ober-/Unterhitze vorheizen.

Die Eigelb mit der Sahne und etwas Muskat verquirlen. Den Käse reiben.

Den Hefeteig mit Zwiebeln und Speck gleichmäßig bestreuen. Mit der Eigelb-Sahne-Mischung gleichmäßig begießen und mit dem Käse bestreuen.

Für 40 Minuten im Ofen backen und warm servieren.

Ich wusste lange Zeit nicht, dass diese kleinen runden Schlumpfhäuser tatsächlich eine Art Zucchini waren. Es spielte natürlich auch gar keine Rolle bei einem Essen, das so lecker ist und gleichzeitig die Fantasie beflügelt.

Gefüllte Zucchini

ZUTATEN FÜR 4 PERSONEN:

4 runde Zucchini
Salz und Pfeffer
2 Zwiebeln
3 Knoblauchzehen
½ Bund Frühlingszwiebeln
4 Scheiben Toastbrot
200 g Schafskäse
2 EL Pflanzenöl
2 Eier
400 ml passierte Tomaten
2 Zweige Thymian

Die Zucchini waschen und den Deckel abschneiden. Gleichmäßig aushöhlen und den Boden etwas begradigen. Von innen mit Salz und Pfeffer würzen. Den Deckel beiseitelegen und das Zucchinifleisch fein würfeln.

Zwiebeln und Knoblauch ebenfalls schälen und fein würfeln. Die Frühlingszwiebeln waschen und in Ringe schneiden. Das Toastbrot in kleine Würfel schneiden. Den Schafskäse mit den Händen zerkrümeln.

Den Backofen auf 175 °C Umluft vorheizen.

Den Knoblauch und die Zwiebeln mit dem Öl in einer Pfanne anschwitzen. Das Zucchinifleisch dazugeben und kräftig mit Salz und Pfeffer würzen.

Die Pfanne vom Herd nehmen, auskühlen lassen und nun Frühlingszwiebelringe, Toastbrot, Eier und Käse untermengen.

Mit dieser Mischung die Zucchini füllen.

Die passierten Tomaten ebenfalls mit Salz und Pfeffer abschmecken und in eine passende feuerfeste Form gießen.

Den Thymian dazugeben, die gefüllten Zucchini hineinsetzen und mit den Zucchinideckeln verschließen. Übrige Füllmasse einfach zwischen die Zucchini geben.

Im Ofen für 50 Minuten schmoren.

Dazu passt ein leckeres Risotto.

So richtig lecker waren immer die selbst gesammelten Pilze aus dem nahen Wald. Die besten Pilzreviere wurden nie verraten. Ich kann mich noch an einige Plätze erinnern, doch Pilze habe ich dort leider nie wieder gefunden. Vielleicht fehlten die geschulten Augen von Papa.

Pilz-Nudel-Auflauf

ZUTATEN FÜR 4 PERSONEN:

300 g Champignons
300 g Austernpilze
300 g Kräuterseitlinge oder andere Pilze nach Wahl
2 Knoblauchzehen
1 Zwiebel
1 milde Chilischote
1 EL Pflanzenöl
Salz und Pfeffer
1 l Sahne
9 Nudelplatten für Lasagne
250 ml saure Sahne
300 g Edamer

Alle Pilze putzen und in gleichmäßig große Stücke schneiden.

Den Knoblauch und die Zwiebel schälen und in feine Würfel schneiden. Die Chilischote halbieren, entkernen und ebenfalls sehr fein würfeln.

Den Backofen auf 175 °C Umluft vorheizen.

Das Öl in einer großen Pfanne erhitzen und darin Knoblauch, Zwiebel und Chiliwürfel anschwitzen.

Die Pilze dazugeben, ebenfalls mit anschwitzen und mit Salz und Pfeffer kräftig würzen. Mit der Sahne auffüllen, aufkochen und etwas einkochen, sodass die Soße etwas dicklicher wird.

Nun etwas Pilzragout in eine Auflaufform geben. Mit Nudelplatten belegen und zweimal wiederholen.

Auf die letzte Schicht Nudeln die restliche Soße verteilen und darauf die saure Sahne als Häufchen setzen.

Den Käse reiben und damit den Auflauf bestreuen.

Im Ofen für 50 Minuten garen.

Meine Oma und mein Opa reisten gern. Und oft brachten sie tolle Dinge mit. Wie dieses unglaubliche Olivenöl oder das Rezept für diese viel zu großen und viel zu dunklen Champignons. Wie konnten die überhaupt so lecker sein? Hier ist das Rezept.

Gefüllte Riesenchampignons als Vorspeise

ZUTATEN FÜR 4 PERSONEN:

4 große Champignons (Portobello)
2 Tomaten
2 Knoblauchzehen
2 EL Pflanzenöl
1 Zweig Thymian
1 Prise Zucker
Salz und Pfeffer
Mozzarella zum Überbacken

Die gesäuberten Pilze vom Stiel befreien und von innen etwas salzen. Die Tomaten waschen, vierteln und entkernen. Das Tomatenfleisch fein würfeln. Knoblauch schälen und ebenfalls fein würfeln.

Den Backofen auf 160 °C Umluft vorheizen.

In eine große Pfanne etwas Pflanzenöl geben. Die Pilze mit der Oberseite nach unten in die Pfanne legen und im Ofen für 15 Minuten garen lassen.

In einer zweiten Pfanne ebenfalls etwas Öl erhitzen und die Tomaten hineingeben.

Knoblauch und Thymian hinzugeben. Mit Salz, Pfeffer und Zucker würzen.

Die Mischung anbraten und dann in die Pilze füllen.

Den Mozzarella darübergeben und im Ofen schmelzen lassen.

Nach insgesamt etwa 30 Minuten die Pilze aus der Pfanne nehmen und den entstandenen Sud darüber verteilen.

Die Riesenchampignons eignen sich gut als Vorspeise oder als ein leichtes Abendessen, serviert mit frischem Brot.

Als das Fernsehprogram noch aus drei Sendern bestand und am Abend *Bonanza* lief – oder war es die *Shiloh Ranch* –, hatte ich immer das Gefühl, dieses Gericht müsse aus dem Wilden Westen kommen.

Dicke Bohnen in Tomatensoße

ZUTATEN FÜR 4 PERSONEN:

250 g weiße Bohnen
2 Zwiebeln
4 Knoblauchzehen
2 Chilischoten
250 g mehligkochende Kartoffeln
2 EL Pflanzenöl
1 ½ EL Tomatenmark
½ TL Kreuzkümmel
2 EL Paprikapulver
2 kleine Dosen geschälte Tomaten
500 ml Gemüsebrühe
2 kleine Dosen rote Bohnen
1 Zimtstange
Salz und Pfeffer

Die weißen Bohnen über Nacht in kaltem Wasser einweichen.

Die Zwiebeln und den Knoblauch schälen und fein würfeln. Die Chilischoten halbieren, entkernen und ebenfalls sehr fein schneiden.

Die Kartoffeln waschen, schälen und wieder waschen, danach in kleine Würfel schneiden.

Den Backofen auf 160 °C Umluft vorheizen.

Knoblauch, Zwiebeln und Chili in einer Auflaufform mit dem Pflanzenöl anschwitzen. Die eingeweichten Bohnen, Kartoffelwürfel und Tomatenmark hinzugeben und zusammen mit Kreuzkümmel und Paprikapulver kurz anschwitzen.

Nun die geschälten Tomaten, Gemüsebrühe, rote Bohnen, Zimtstange, Salz und Pfeffer dazugeben und 60 Minuten im Backofen zugedeckt schmoren lassen. Alle 15 Minuten einmal durchrühren.

Wer mag, gibt ordentlich Rinderhack dazu.

Wieder so ein Gericht, an das ich mich gern erinnere: Vermutlich als Hommage an eine Italienreise gab es dieses Gericht oft im Mai. Das Pergament war einfaches Backpapier, trotzdem waren diese kleinen Pakete immer spektakulär. Vor allem wenn sie geöffnet wurden und einem dieses wundervolle Aroma in die Nase stieg.

Grüner-Spargel-Päckchen

ZUTATEN FÜR 4 PERSONEN:

800 g grüner Spargel
4 EL Olivenöl
Salz und Pfeffer
1 Knoblauchzehe
1 Zwiebel
100 g schwarze Oliven, entsteint
100 g Kapern
4 kleine Zweige Thymian
4 kleine Zweige Rosmarin
200 g Bergkäse

Den Backofen auf 180 °C Umluft vorheizen.

Den Spargel nur am unteren Drittel schälen und das Ende der Spargelstangen etwas kürzen. So erkennt man holzige Stellen.

Den Spargel portionsweise auf Pergament oder Backpapier legen und mit Olivenöl beträufeln.

Mit Salz und Pfeffer würzen. Den Knoblauch und die Zwiebel schälen, fein hacken und auf dem Spargel verteilen.

Die Oliven halbieren und mit den Kapern portionsweise auf dem Spargel verteilen.

Mit je einem kleinen Zweig Thymian und Rosmarin belegen.

Den Käse grob reiben und damit den Spargel bestreuen.

Den Spargel mit dem Pergament als kleines Paket fest verschließen. Mit einem Tacker geht das sehr einfach.

Im Ofen für 45 Minuten backen.

Aufläufe mit Reis, Kartoffeln und Nudeln als echte Sattmacher

Von Februar bis April ziehen die Stinte die Elbe hoch und die wenigen Elbfischer machen ordentliche Fänge. Aber die Zubereitung ist mit viel Arbeit verbunden, weil man viele von den kleinen Fischen für eine Portion braucht. Sie werden in Mehl gewendet und dann gebraten. Dazu gab es bei uns immer diese Schmuttkartoffeln.

Schmuttkartoffeln

ZUTATEN FÜR 4 PERSONEN:

800 g mehligkochende Kartoffeln
125 g gewürfelter durchwachsener Speck
1 Zwiebel
Salz und Pfeffer
½ l Gemüsebrühe
2 Zweige Thymian

Die Kartoffeln waschen, schälen, wieder waschen und in möglichst feine Scheiben schneiden.

Den Backofen auf 180 °C Umluft vorheizen.

Den Speck in einer Auflaufform anbraten. Die Zwiebel schälen, fein würfeln, zum Speck geben und glasig anschwitzen.

Die Kartoffelscheiben dazugeben und mit etwas Salz und viel Pfeffer würzen. Achtung, der Speck ist schon salzig!

Mit der Gemüsebrühe aufgießen, mit dem Thymian verfeinern und alles durchrühren.

Für 50 Minuten im Ofen garen, bis die Brühe von den Kartoffeln aufgenommen wurde.

Eine leckere Beilage zu gebratenem Fisch.

Ich konnte meinen Teller nie voll genug kriegen, wenn der duftende Auflauf auf den Tisch kam. Und jedes Mal die Mahnung von Oma: »Nun iss doch erst mal, nicht dass wieder was liegen bleibt!« Eigentlich habe ich es nie geschafft, alles aufzuessen. Wie kann so etwas Leckers nur so satt machen?

Makkaroni mit Käsesoße

ZUTATEN FÜR 4 PERSONEN:

500 g Makkaroni
Salz
2 Knoblauchzehen
30 g Butter
1 EL Paprikapulver
1 EL Senf
25 g Mehl
300 ml Milch
200 ml Sahne
Pfeffer
250 g Cheddar
250 g Emmentaler
50 g Paniermehl

Die Nudeln in leicht gesalzenem Wasser weich kochen.

Den Backofen auf 200 °C bei Ober-/Unterhitze vorheizen.

In der Zwischenzeit den Knoblauch schälen und fein hacken.

Die Butter in einen Topf geben und bei mittlerer Hitze schmelzen. Knoblauch, Paprikapulver und Senf mit anschwitzen.

Mehl hinzufügen und unter Rühren kurz anschwitzen. Milch und Sahne nach und nach zugießen und gut mit dem Schneebesen verrühren, damit sich keine Klumpen bilden.

Die Soße aufkochen, dann 2–3 Minuten sanft köcheln lassen und mit Salz und Pfeffer abschmecken.

Den Käse grob reiben. Davon ⅔ in die noch heiße Soße geben und verrühren.

Die Makkaroni abgießen und in eine Auflaufform geben.

Mit der Käsesoße übergießen und vermengen. Den restlichen geriebenen Käse mit dem Paniermehl vermischen, über den Auflauf geben und im Ofen ca. 15–20 Minuten goldgelb überbacken.

Ich bin fest davon überzeugt, Oma hätte das mit einem energischen Kopfschütteln abgetan, wenn man ihr damals erzählt hätte, dass dieses Gericht heute in den feinen vegetarischen Restaurants so hip und angesagt sein würde. »Was ist das überhaupt, vegetarisch? Heute gibt es doch nur kein Fleisch«, hätte sie gesagt.

Roter Linsenauflauf mit Gemüse und Kartoffeln

ZUTATEN FÜR 4 PERSONEN:

400 g mehligkochende Kartoffeln
100 g Karotte
100 g Sellerie
100 g Lauch
1 rote Paprikaschote
1 Zwiebel
50 g Butter
Salz und Pfeffer
2 EL edelsüßes Paprikapulver
500 ml Gemüsebrühe
200 g rote Linsen
150 g Ziegenfrischkäse
4 EL Honig
2 Zweige Thymian

Die Kartoffeln waschen, schälen und nochmals waschen. In sehr feine Würfel schneiden. Das Gemüse putzen und ebenfalls in sehr feine Würfel schneiden.

Den Backofen auf 160 °C Umluft vorheizen.

Die Zwiebel schälen, würfeln und mit der Butter in einem Bräter anschwitzen. Das Gemüse hinzugeben, salzen, pfeffern und anschwitzen, bis es glasig wird.

Die Kartoffelwürfel dazugeben, mit dem Paprikapulver bestreuen und ebenfalls kurz anschwitzen.

Mit Gemüsebrühe angießen und kurz aufkochen lassen.

Die roten Linsen unterrühren und im Ofen für 20 Minuten garen.

Aus dem Ofen nehmen und mit dem Ziegenfrischkäse belegen.

Darüber den Honig träufeln. Thymianblättchen von den Zweigen zupfen und über den Auflauf streuen. Im Ofen etwas erwärmen.

Nie konnte Oma sicher sein, ob die Kartoffeln zum Mittagsgeschäft auch reichen würden. Deshalb gab es immer eine deutliche Sicherheitsreserve an Salzkartoffeln. Daraus wurden dann abends leckere Bratkartoffeln oder eben dieses einfache Gratin.

Einfaches Kartoffelgratin

ZUTATEN FÜR 4 PERSONEN:

- 50 g Butter
- 60 g Mehl
- 250 ml Milch
- 250 ml Sahne
- Salz und Pfeffer
- Muskatnuss, gerieben
- 200 g Emmentaler
- 800 g mehligkochende Kartoffeln

Zuerst eine Béchamelsoße herstellen: Dazu die Butter in einen Topf geben und bei mittlerer Hitze schmelzen. Mehl hinzufügen und unter Rühren kurz anschwitzen.

Die Milch nach und nach zugießen und gut mit dem Schneebesen verrühren, damit sich keine Klumpen bilden.

Ist die komplette Milch verarbeitet, die Sahne einrühren.

Die Soße aufkochen, dann 2–3 Minuten sanft köcheln lassen. Mit Salz, Pfeffer und etwas Muskatnuss abschmecken.

Den Backofen auf 180 °C Ober-/Unterhitze vorheizen.

Den Käse reiben.

Die Kartoffeln waschen, schälen, wieder waschen und in möglichst feine Scheiben schneiden.

Die Kartoffelscheiben in eine passende Auflaufform geben und mit etwas Salz und Pfeffer würzen. Die warme Béchamelsoße über die Kartoffeln gießen und gleichmäßig verteilen.

Mit dem geriebenen Käse bestreuen und im Backofen ca. 15–20 Minuten goldgelb überbacken.

Zu Ostern gab es sonntags immer Lammkeule für die Gäste. Unzählige Stücke schmorten auf kleiner Flamme im großen Backofen. Der war so schwarz und tief, dass man seine Rückwand nie sah. Und darin, über den Lammkeulen, lagen dann auch immer diese Rosmarinkartoffeln. Gutes kann so einfach sein!

Einfache Rosmarinkartoffeln

ZUTATEN FÜR 4 PERSONEN:

3 Knoblauchzehen
800 g Drilling-Kartoffeln
4 EL Olivenöl
Salz und Pfeffer
2 Zweige Rosmarin

Den Backofen auf 190 °C Umluft vorheizen.

Den Knoblauch schälen und sehr fein hacken.

Die Kartoffeln waschen und der Länge nach halbieren.

In einer Schüssel mit Olivenöl, Salz, Pfeffer und dem Knoblauch vermengen. Kräftig abschmecken.

Die Nadeln von den Rosmarinzweigen abstreifen und unter die gewürzten Kartoffeln mengen.

Auf einem Backblech verteilen und im Backofen ca. 25–30 Minuten goldgelb backen.

Die Rosmarinkartoffeln passen zu Fisch, Fleisch und Gemüse.

TIPP:
Gibt man die Kartoffeln zusätzlich noch auf ein Blatt Backpapier, so geht die Reinigung des Backbleches deutlich einfacher.

Nostalgie pur! Und ein fast vergessenes Lieblingsessen.
Da meine Kinder nun auch schon lange erwachsen und in der Welt verstreut sind, stelle ich voller Wehmut fest, dass ich dringend mal wieder einen Grund brauche, um dieses Gericht zu kochen.

Nudelauflauf

ZUTATEN FÜR 4 PERSONEN:

500 g kurze Nudeln nach Wahl
2 Knoblauchzehen
½ Zwiebel
2 EL Pflanzenöl
1 gelbe Paprikaschote
1 Bund Frühlingszwiebeln
Salz und Pfeffer
400 g gekochter Schinken
4 Eigelb
500 ml Sahne
500 ml passierte Tomaten
Muskat
1 EL Oregano
1 Prise Zucker
500 g geriebener Käse

Die Nudeln in leichtem Salzwasser nicht zu weich kochen. Den Backofen auf 160 °C Ober-/Unterhitze vorheizen.

In der Zwischenzeit den Knoblauch und die Zwiebel schälen, fein würfeln und mit dem Öl in einer Auflaufform auf dem Herd glasig anschwitzen.

In der Zwischenzeit die Paprikaschote und die Frühlingszwiebeln in kleine Stücke schneiden. Ebenfalls in den Bräter geben und mit anschwitzen. Mit Salz und Pfeffer würzen.

Den gekochten Schinken in feine Streifen schneiden und zum Gemüse geben.

Die »al dente« gekochten Nudeln nun abgießen und zum Gemüse geben. Alles verrühren und beiseitestellen.

Nun die Soße vorbereiten. Dazu die Eigelb mit Sahne und passierten Tomaten verrühren.

Mit Salz, Pfeffer, etwas Muskatnuss, Oregano und Zucker abschmecken.

Diese Soße über die Nudel-Gemüse-Mischung geben und gleichmäßig verrühren.

Den Käse reiben und über dem Auflauf verteilen.

Für 30 Minuten im Ofen stocken und goldgelb werden lassen.

Leichte Fischgerichte aus dem Backofen

Tiefkühlgerichte und Oma? Niemals! Der alte vergilbte Kühlschrank mit der schweren runden Tür hatte nur ein winziges Gefrierfach. Und darin lagen immer Eiswürfelformen aus Alu. Die mit dem großen Griff zum Eiswürfelrausbrechen. Wie sollte da noch etwas anderes reinpassen? Also wurde alles frisch gekocht.

Kabeljau unter der Kräuterkruste

ZUTATEN FÜR 3 PERSONEN:

4 altbackene Brötchen
1 Zwiebel
2 Knoblauchzehen
1 kleines Bund Petersilie
½ Bund Schnittlauch
100 g Butter
1 kg Kabeljaufilet ohne Haut
Salz und Pfeffer
2 EL Pflanzenöl
½ TL Thymian
etwas Abrieb von 1 Zitrone

Die altbackenen Brötchen auf einer groben Reibe reiben.

Die Zwiebel und den Knoblauch schälen und in sehr feine Würfel schneiden.

Die Petersilie zupfen und fein hacken.

Den Schnittlauch in feine Röllchen schneiden.

Den Backofen auf 190 °C Umluft vorheizen.

In einer Pfanne die Knoblauch- und Zwiebelwürfel mit der Butter anschwitzen. Die Brösel dazugeben, etwas Farbe annehmen lassen und wieder auskühlen lassen.

Den Fisch in gleichmäßige Stücke portionieren, salzen und pfeffern und auf ein geöltes Backblech geben.

Die ausgekühlten Brösel nun mit Petersilie, Schnittlauch, Thymian, Zitronenabrieb, Salz und Pfeffer würzen.

Auf dem Fisch sorgfältig verteilen und im Backofen für 15 Minuten garen.

Dieses Gericht hört sich immer noch modern und fein an. Die Lachsmedaillons waren eines der meistverkauften Gerichte in Omas Restaurant. Und es war so einfach. Die Lauchsahne wurde vorgekocht, der Lachs vorgeschnitten. Wenn der Bon in die Küche kam, brauchte sie nur beides in eine Cocotte zu füllen und in den Backofen zu geben.

Lachsmedaillons auf Lauchsahne

ZUTATEN FÜR 4 PERSONEN:
600 g Lauch
800 g Lachsfilet ohne Haut
Salz und Pfeffer
1 Zwiebel
30 g Butter
Muskatnuss
400 ml Sahne
Speisestärke

Den Lauch in breite Ringe schneiden, kräftig in genügend kaltem Wasser waschen und danach abtropfen lassen.

Das Lachsfilet portionieren, salzen und pfeffern.

Den Backofen auf 160 °C Umluft vorheizen.

Die Zwiebel schälen, in feine Streifen schneiden und diese in der Butter anschwitzen.

Ist die Zwiebel glasig, den Lauch dazugeben. Mit Salz, Pfeffer und Muskat würzen und kurz anschwitzen.

Mit der Sahne aufgießen, zum Kochen bringen und ganz leicht mit etwas Speisestärke andicken.

In eine feuerfeste Form geben und mit den Lachsmedaillons belegen.

Den Fisch 12 Minuten im Backofen garen. Der Lachs ist gar, wenn kleine weiße Punkte vom Eiweiß sichtbar werden.

Unsere Familie liebt Miesmuscheln, das gemeinsame Essen und Pulen war immer ein großes Vergnügen. Unglaublich, was bei 6 Personen so an Muschelschalen übrig bleibt. Nur Opa hatte keinen Spaß daran. Er hasste es, mit den Fingern zu essen. Vielleicht hat Oma deswegen dieses Gericht erfunden.

Muscheltopf

ZUTATEN FÜR 4 PERSONEN:

1 Gemüsezwiebel
2 Knoblauchzehen
100 g Butter
1 EL schwarzer Pfeffer, frisch gemahlen
300 ml trockener Weißwein
2 kg küchenfertige frische Miesmuscheln
½ Bund Petersilie
600 g mehligkochende Kartoffeln
½ Staudensellerie
1 Bund Frühlingszwiebeln
2 Karotten
2 EL Tomatenmark
3 EL Olivenöl
Salz und Pfeffer
200 ml stückige Tomaten

Die Zwiebel und den Knoblauch schälen, fein würfeln und in einem großen Topf mit der Butter anschwitzen.

Pfeffer und Weißwein dazugeben. Alles einmal aufkochen, die Muscheln dazugeben, mit einem Deckel verschließen und alles 5 Minuten bei starker Hitze kochen. Dabei den Topf einmal durchrühren.

Sind alle Muscheln geöffnet und somit gar, die Muscheln herausnehmen und auskühlen lassen.

Die Petersilie waschen, zupfen und fein hacken.

Die Kartoffeln waschen, schälen, nochmals waschen und in 1 cm große Würfel schneiden.

Den Sellerie und die Frühlingszwiebeln waschen. Die Karotten schälen.

Den Staudensellerie in feine Stücke, die Frühlingszwiebeln in kleine Ringe und die Karotten in feine Würfel schneiden.

Die ausgekühlten Muscheln aus den Schalen nehmen und beiseitestellen.

Den Backofen auf 160 °C Umluft vorheizen.

In einem Bräter Kartoffeln, Gemüse und Tomatenmark mit Olivenöl anschwitzen. Salzen und pfeffern.

▶

TIPP:
Beim Muschelfond nicht alles verwenden, denn am Topfboden könnten sich Bruchstücke der Muscheln befinden.

Die stückigen Tomaten dazugeben und mit dem Muschelfond aufgießen.

Im Ofen 40 Minuten garen.

Sind die Kartoffeln und das Gemüse gar, die Muscheln und die gehackte Petersilie unterheben.

Ab und zu hatte Oma, wie sie immer sagte, »feine Gäste«, ihrer Meinung nach waren das alles Hamburger! Und da hatte sie richtig Lust, denen mal was zu zeigen. Eines dieser Gerichte war die Fischroulade. Heute schnell gemacht, damals, mit den alten Geräten, fast so schwierig wie eine Mondlandung.

Fischroulade mit Räucherlachs und Weißweinsoße

ZUTATEN FÜR 4 PERSONEN:

1 kleiner Wirsing
Salz
800 g Seelachs
Pfeffer
1 Eigelb
4 Scheiben Räucherlachs
200 ml Sahne für die Farce
+ 300 ml für die Soße
1 Schalotte
50 g Butter
100 ml trockener Weißwein
Speisestärke

Die schönen grünen Blätter vom Wirsing abnehmen und in einem großen Topf mit siedendem Salzwasser blanchieren. Abschrecken und zum Trocknen auf Küchentücher legen.

Den Backofen auf 100 °C Umluft vorheizen.

Den Seelachs so portionieren, dass 4 gleichmäßige Stücke à 150 g entstehen. Salzen und pfeffern.

Die übrigen 200 g Fisch nun fein würfeln. Mit Salz und Pfeffer würzen und in einem Mixer fein zerkleinern. Das Eigelb, den Räucherlachs und 200 ml Sahne nach und nach hinzugeben. Zu einer feinen Masse verarbeiten. Diese Farce sofort kalt stellen.

Aus den blanchierten Kohlblättern die starken Rippen herausschneiden und je 2 Blätter überlappend zusammenlegen.

Den Kohl mit der Fischfarce dünn bestreichen und je ein portioniertes Seelachsfilet aufsetzen.

So einschlagen, dass eine Kohlroulade entsteht. Bei Bedarf noch mehr Farce oder ein weiteres Kohlblatt verwenden.

Die Schalotte schälen, sehr fein würfeln und in einem Bräter mit der Butter anschwitzen. Mit dem Weißwein ablöschen und die Fischrouladen in diesen Dünstfond setzen.

Im Backofen für 20 Minuten garen.

Die Rouladen aus dem Dünstfond nehmen und im Ofen warm halten.

Den Fond mit 300 ml Sahne einmal aufkochen und mit etwas Speisestärke leicht zur Soße binden.

Wir hatten einige Elblotsen als Stammgäste und dieses Gericht war deren Leibspeise. Und keiner konnte so gut Krabben pulen wie Opa. Es war für ihn etwas ganz Besonderes, extra an die Küste zu fahren, um sie zu holen. Die frischen Krabben links und rechts gehalten, kurz gedreht, gezogen – und schon war die Schale entfernt.

Lotsenschmaus

ZUTATEN FÜR 4 PERSONEN:

800 g festkochende Kartoffeln
Salz
½ Bund Dill
1 Schalotte
1 Becher Quark
Pfeffer
3 EL Pflanzenöl
1 Zwiebel
1 EL Majoran
1 TL gemahlener Kümmel
12 Eier
600 g Nordsee-krabbenfleisch

Die Kartoffeln waschen und mit Schale in Salzwasser gar kochen. Solange sie noch warm sind, pellen und dann kalt stellen. Kartoffeln lassen sich kalt am besten in gleichmäßige Scheiben schneiden.

Den Backofen auf 160 °C Umluft vorheizen.

Den Dill zupfen und fein schneiden. Die Schalotte schälen, sehr fein würfeln und mit der Hälfte des Dills und dem Quark verrühren. Mit Salz und Pfeffer abschmecken.

Die kalten Pellkartoffeln in nicht zu feine Scheiben schneiden und mit dem Pflanzenöl in einer backofentauglichen Pfanne knusprig braten, salzen und pfeffern.

Die Zwiebel schälen, fein würfeln und zu den Bratkartoffeln geben. Ist die Zwiebel gar, Majoran und Kümmel zu den Bratkartoffeln geben.

Die Eier aufschlagen und mit dem restlichen Dill verquirlen.

Krabbenfleisch und Eier zu den Bratkartoffeln geben und kurz unterschwenken. Alles zu einem großen Omelette formen und im Backofen für 8 Minuten stocken lassen.

Auf einer großen Platte mit dem Quark servieren.

Richtig still war es in der Küche, wenn schon morgens um vier Uhr die Arbeit begann. Heute wird in den großen Kühlräumen schon vieles vorbereitet. Damals machte Oma mit ihren Leuten alles frisch. Heute würde man sagen »à la minute«. Aber das ist doch bloß alles neumodischer Schnickschnack, höre ich sie sagen.

Lachs auf der Haut

ZUTATEN FÜR 4 PERSONEN:

1 Zwiebel
1 Knoblauchzehe
1 Chilischote
800 g Lachsfilet mit Haut
1 EL Pflanzenöl
Salz und Pfeffer
2 EL Honig
Abrieb und Saft von ½ Zitrone
2 cl Kümmelschnaps

Den Backofen auf 180 °C Umluft vorheizen.

Die Zwiebel und den Knoblauch schälen und sehr fein würfeln.

Die Chilischote halbieren, von den Kernen befreien und ebenfalls sehr fein würfeln.

Das Lachsfilet mit der Hautseite auf ein geöltes Backpapier auf ein Backblech legen. Leicht salzen und pfeffern.

Den Honig in einem kleinen Topf karamellisieren. Der Honig soll deutlich nach Karamell duften, aber nicht verbrennen.

In das Karamell nun Zwiebel, Knoblauch, Chiliwürfel und Zitronenabrieb geben.

Diese Gewürzmischung mit Zitronensaft und Kümmelschnaps ablöschen. Achtung! Auf offener Flamme kann sich der Schnaps entzünden.

Den gewürzten Lachs mit der noch heißen Marinade einstreichen. Im vorgeheizten Backofen 12–15 Minuten garen. Der Lachs ist gar, wenn kleine weiße Punkte vom Eiweiß sichtbar werden.

Den Lachs auf der Haut servieren. Als Beilage passt dazu eine Ofenkartoffel mit Kräuterquark.

Durch unsere Nähe zum Hamburger Fischmarkt gab es sehr oft guten Fisch. Doch natürlich wollten alle nur die begehrten Stücke aus der Mitte haben. So muss wohl dieses Gericht entstanden sein, das ich auf einer alten Speisekarte meiner Oma fand und bei dem auch die weniger schönen Stücke verarbeitet wurden.

Fischlasagne mit Blattspinat

ZUTATEN FÜR 4 PERSONEN:

500 g frischer Blattspinat
1 Knoblauchzehe
1 Zwiebel
80 g Butter
Salz und Pfeffer
Muskatnuss
60 g Mehl
800 ml Gemüsebrühe
200 ml Sahne
1 l Sahne
1 Spritzer Zitronensaft
400 g Seelachsfilet ohne Haut
400 g Lachsfilet ohne Haut
12 Nudelplatten für Lasagne

Den Backofen auf 160 °C Umluft vorheizen.

Den Spinat von den groben Stielen befreien. Mehrmals kräftig in genügend kaltem Wasser waschen und danach abtropfen lassen.

Die Knoblauchzehe und die Zwiebel schälen und jeweils in feine Würfel schneiden. Diese in 30 g Butter anschwitzen. Ist die Zwiebel glasig, den Spinat dazugeben. Mit Salz, Pfeffer und Muskat würzen. Mit einem Deckel verschließen und ca. 3–4 Minuten gar dünsten. Beiseitestellen und auskühlen lassen.

Nun eine Béchamelsoße herstellen: Dazu die restliche Butter in einen Topf geben und bei mittlerer Hitze schmelzen. Mehl hinzufügen und unter Rühren kurz anschwitzen. Die Gemüsebrühe nach und nach zugießen und gut mit dem Schneebesen verrühren, damit sich keine Klumpen bilden.

Ist die komplette Gemüsebrühe verarbeitet, die Sahne einrühren. Die Soße aufkochen, dann 2–3 Minuten sanft köcheln lassen und mit Salz, Pfeffer und Zitronensaft abschmecken.

Beide Fischsorten mit einem scharfen Messer in sehr dünne Scheiben schneiden. Dabei das Messer sehr flach aufsetzen, damit möglichst große dünne Scheiben entstehen.

In eine feuerfeste Form zuerst etwas Soße geben und dann die erste Schicht Nudelplatten aufsetzen. Bei Bedarf die Platten anpassen. Wieder etwas Soße und die erste Schicht gemischte Fischscheiben hineingeben und darauf den Blattspinat geben. Diesen Vorgang wiederholen. Zum Schluss die restliche Soße auf der obersten Schicht verteilen. Im Backofen für 40 Minuten garen.

Ofengerichte mit Fleisch

Ein guter Freund von mir ist Elsasser und ein wahrer kulinarischer Philosoph. Und das Flammkuchenrezept seiner Familie gehört unbedingt in dieses Buch. Selten wird so deutlich bewiesen, dass wenige Zutaten und einfache Küche so genial sein können. Danke, mein Freund.

Flammkuchen nach Michels Art

ZUTATEN FÜR 4 PERSONEN:

Für den Teig:
650 g Mehl
300 ml Wasser
3 Eigelb
8 EL Rapsöl
Salz

Für den Belag:
500 g Schmand
Pfeffer und Salz
200 g geräucherter Bauchspeck
3 Zwiebeln

Für den Teig Mehl, Wasser, Eigelb, Rapsöl und eine Prise Salz in eine Schüssel geben. Gut verrühren und durchkneten, bis der Teig glatt ist. In eine Folie wickeln und 40 Minuten ruhen lassen.

Den Backofen auf 250 °C Umluft vorheizen.

Für den Belag den Schmand mit Salz und Pfeffer abschmecken.

Den Speck in sehr feine Würfel schneiden.

Zwiebeln schälen, in sehr feine Scheiben schneiden und etwas salzen. So ziehen die Zwiebeln Wasser und später wird der Flammkuchen knuspriger.

Den Teig in 4 Teile schneiden und hauchdünn ausrollen.

Mit dem gewürzten Schmand hauchdünn bestreichen. Die Zwiebeln kräftig ausdrücken, auf den Teig geben zum Schluss den geräucherten Bauchspeck darauf verteilen.

Den Teig auf ein mit Backpapier belegtes Blech legen und für 6 Minuten im Ofen backen. Auf dem noch heißen Blech direkt den nächsten Flammkuchen backen.

Im Herbst und Winter fanden Treibjagden statt. Einige Male durfte ich mit. Kalt war es, lang hat es gedauert und die Wege waren weit. Es wurde Plattdeutsch gesprochen, was ich verstehe, aber nicht beherrsche. Doch mit Schnaps gegen die Kälte sanken die Hemmungen und das Plattdeutsch wurde besser. Am Abend gab es dieses Essen.

Grünkohlpfanne mit Kasseler und Mettenden

ZUTATEN FÜR 4 PERSONEN:

600 g Grünkohl aus dem Glas
600 g festkochende Kartoffeln
400 g Kasseler
4 Mettenden/Kohlwürste
1 Zwiebel
2 EL Schweinschmalz
1 EL Senf
Salz und Pfeffer
300 ml Gemüsebrühe

Den Grünkohl aus dem Glas nehmen und in einem Sieb abtropfen lassen.

Den Backofen auf 160 °C Umluft vorheizen.

Die Kartoffeln waschen, schälen, nochmals waschen und in gleich große Würfel (1 × 1 cm) schneiden.

Das Kasseler ebenfalls in gleichmäßige Würfel schneiden.

Die Mettenden in gleichmäßige Scheiben schneiden.

Die Zwiebel schälen und in Scheiben schneiden.

In einem passenden Bräter die Kartoffelwürfel mit dem Schmalz anbraten. Sind sie schön braun, die Zwiebel dazugeben und mitbraten.

Nun die Kasselerwürfel und die geschnittenen Mettenden dazugeben und kurz anschwitzen. Grünkohl und Senf mit den anderen Zutaten in der Auflaufform verrühren.

Mit wenig Salz und Pfeffer abschmecken und mit der Gemüsebrühe angießen.

Im vorgeheizten Backofen für 50 Minuten garen.

Eigentlich spielte Reis in Omas Küche überhaupt keine Rolle. Schließlich wohnten wir auf der Geest und da gibt es halt Kartoffeln. Doch auch Oma hatte Köche eingestellt und der eine oder andere brachte neue Ideen mit. Wie zum Beispiel unser lieber Österreicher Ernst. Und so kam über Serbien und Österreich das Reisfleisch auf die Geest.

Reisfleisch

ZUTATEN FÜR 4 PERSONEN:

1 rote Paprikaschote
1 gelbe Paprikaschote
2 Karotten
100 g Staudensellerie
600 g Schweinerücken
2 EL Pflanzenöl
1 Knoblauchzehe
1 Zwiebel
Salz und Pfeffer
2 EL edelsüßes Paprikapulver
200 ml passierte Tomaten
200 g Langkornreis
500 ml Gemüsebrühe

Den Backofen auf 160 °C Umluft vorheizen.

Paprikaschoten, Karotten und Staudensellerie säubern und in gleichmäßige Würfel schneiden.

Das Fleisch in kleine Würfel schneiden.

Das Pflanzenöl in einem Bräter erhitzen und darin das Fleisch kurz anbraten.

Die Knoblauchzehe und die Zwiebel schälen. Jeweils in feine Würfel schneiden und zum angebratenen Fleisch geben.

Mit Salz und Pfeffer kräftig würzen.

Ist das Fleisch gleichmäßig angebraten, das Paprikapulver hinzugeben und kurz mit anschwitzen.

Das gewürfelte Gemüse, die passierten Tomaten sowie den Reis unterrühren und die Gemüsebrühe hinzugießen.

Für etwa 40 Minuten im Ofen backen.

Nach etwa der Hälfte der Zeit einmal umrühren.

Dieses Gericht ist das wahre Denkmal für Oma Liese. So ein Kochbuch zu schreiben ist manchmal langwierig und macht stundenweise einsam. Aber die Erinnerungen an die alte Zeit berühren mich sehr. Da darf dann auch mal eine Träne laufen.

Dicke Rippe mit Backobst

ZUTATEN FÜR 4 PERSONEN:

1 Stück dicke Rippe vom Schwein
Salz und Pfeffer
200 g Backobst
100 g Paniermehl
2 Eier
1 TL Majoran
2 EL Pflanzenöl
1 Gemüsebund (Sellerie, Petersilienwurzel, Lauch, Karotte)
2 Zwiebeln
2 EL Tomatenmark
2 Flaschen Malzbier

Die dicke Rippe von der Seite aus so tief wie möglich entlang der Knochen einschneiden, sodass eine Tasche entsteht. Von innen und außen mit Salz und Pfeffer würzen.

Für die Füllung das Backobst klein schneiden, mit dem Paniermehl und den Eiern vermengen. Mit Salz, Pfeffer und Majoran würzen.

Die Füllung in die Tasche geben und von oben etwas platt drücken, damit sich die Füllung gleichmäßig verteilt.

Mit einem Schaschlikspieß verschließen.

Den Backofen auf 160 °C Umluft vorheizen.

Das Pflanzenöl in einem Bräter erhitzen und die Rippe darin von beiden Seiten anbraten.

In der Zwischenzeit das Gemüse putzen und grob würfeln. Die Zwiebeln schälen und vierteln.

Die Rippe aus dem Bräter nehmen. Gemüse und Zwiebeln hineingeben und kräftig anbraten.

Das Tomatenmark hinzugeben und mit anbraten.

Nun den Ansatz mit etwa ⅓ des Malzbiers ablöschen und wieder rösten. Den Vorgang zweimal wiederholen.

Nach dem Ablöschen die dicke Rippe auf das Gemüse geben und das restliche Malzbier hinzugeben.

▶

Abgedeckt für 90 Minuten in den Ofen geben.

Lassen sich die Rippen aus dem Fleisch einfach herauslösen, ist das Fleisch gar.

Die Rippen und den Holzspieß entfernen.

Die Soße mit einem Zauberstab pürieren für mehr Bindung.

Mit der Soße servieren.

Alle, wirklich alle in unserer Familie lieben Soße. Vorzugsweise zu mit der Gabel gemusten Kartoffeln. Diese Soße von der Putenkeule ist ein Prachtbeispiel. Nach altem Rezept gekocht und immer noch so lecker. Versprochen. Wer braucht schon Sterne, wenn Oma kocht?

Putenkeule mit Portwein-schalotten

ZUTATEN FÜR 6 PERSONEN:

1 Putenoberkeule
Salz
etwas Pflanzenöl
Pfeffer
1 Bund Suppengemüse
4 Zwiebeln
2 EL Tomatenmark
500 ml trockener Rotwein
1 l Wasser
3 Lorbeerblätter
4 Gewürznelken
2 EL Pfefferkörner
1 EL Pimentkörner
18 längliche Schalotten
50 g Butter
60 g Mehl
3 EL Honig
4 cl Portwein

Die Putenkeule vor dem Braten salzen. Etwas Öl in einem Bräter erhitzen und das Fleisch darin von beiden Seiten anbraten.

Das Fleisch aus dem Bräter nehmen und mit Pfeffer würzen.

Den Backofen auf 170 °C Umluft vorheizen.

Das Suppengemüse waschen. Die Zwiebeln schälen und das Gemüse in 2 cm große Stücke schneiden. Alles im Bräter anbraten. Hat das Gemüse Farbe angenommen, das Tomatenmark einrühren und kurz mit anschwitzen. Mit etwas Wein ablöschen. Flüssigkeit einkochen lassen. Sobald das Gemüse wieder zu braten beginnt, erneut mit Wein ablöschen. Diesen Vorgang einmal wiederholen.

Das Fleisch wieder in die Soße geben und das Wasser angießen. Die Gewürze zufügen, einen Deckel aufsetzen und die Putenkeule ca. 1 ½ Stunden im Ofen schmoren.

Die Schalotten schälen, dabei die Wurzel nicht zu weit abschneiden, da diese die Schalotten beim Schmoren zusammenhält.

▶

Den Braten aus dem Bräter nehmen und im Ofen warm halten. Die Soße durch ein Sieb in eine Schüssel abgießen. Die Butter in einem Topf schmelzen und bräunen, das Mehl einrühren und ebenfalls etwas bräunen. Nach und nach den Bratensaft zugeben und mit einem Schneebesen glatt rühren. Wenn die ganze Soße verarbeitet ist, etwa 2 Minuten bei geringer Hitze köcheln lassen und mit Salz und Pfeffer abschmecken. In einer Sauciere servieren.

Den Honig in einem Topf karamellisieren, die Schalotten darin anschmoren, mit Salz und Pfeffer würzen und mit dem Portwein ablöschen. Zugedeckt ca. 30 Minuten gar schmoren und zur Putenkeule anrichten.

Wenn ich sie doch bloß noch hätte, die alten braunen Steinguttöpfe mit den schweren Deckeln. Zwei bis drei Stück standen eigentlich immer im Keller, mit dem selbst gemachten Sauerkraut. Wobei mein Schulfreund und ich den Rumtopf damals viel spannender fanden.

Sauerkrautauflauf mit Kartoffeln und Kasseler

ZUTATEN FÜR 4 PERSONEN:

600 g mehligkochende Kartoffeln
600 g Kasseler Nacken
2 Zwiebeln
3 EL Schweineschmalz
800 g Sauerkraut
500 ml Gemüsebrühe
1 EL Wacholderbeeren
1 EL Pfefferkörner

Die Kartoffeln waschen, schälen, nochmals waschen und auf einer Vierkantreibe grob reiben.

Das Kasseler grob würfeln. Den Backofen auf 160 °C Ober-/Unterhitze vorheizen.

Die Zwiebeln schälen, in Streifen schneiden und in einem Bräter zusammen mit den Kasselerwürfeln in Schweineschmalz anschwitzen.

Das Fleisch mit den Zwiebeln wieder herausnehmen und stattdessen die Hälfte der geriebenen Kartoffeln im Bräter verteilen.

Darauf die Hälfte der Fleisch-Zwiebel-Mischung geben und mit der Hälfte des Sauerkrauts bedecken.

Nun das Ganze noch einmal: Erst Kartoffeln, dann Fleisch und obendrauf wieder Sauerkraut schichten.

Mit der Gemüsebrühe angießen.

Ein Tee-Ei mit den Wacholderbeeren und dem Pfeffer füllen und in die Mitte des Auflaufs geben.

Mit einem Deckel verschließen und für 75 Minuten in den Backofen geben und schmoren.

Da wir einen Landgasthof hatten, gab es auch immer Bier vom Fass. Toll waren die alten Gläser der Elbschloss Brauerei. Wie viele andere Brauereien gibt es sie schon sehr lange nicht mehr in Hamburg. Aber dieses Gericht hat überdauert.

Brauertopf mit Kartoffeln in Biersoße

ZUTATEN FÜR 4 PERSONEN:

800 g mehligkochende Kartoffeln
800 g Schweinenacken
3 EL Pflanzenöl
4 Zwiebeln
2 Knoblauchzehen
Salz und Pfeffer
3 EL Paprikapulver
500 ml herbes Bier
2 Zweige Thymian

Die Kartoffeln waschen, schälen, nochmals waschen und in längliche Viertel schneiden.

Den Backofen auf 160 °C Umluft vorheizen.

Das Nackenfleisch in grobe Würfel schneiden und mit dem Pflanzenöl im Bräter kräftig anbraten.

Die Zwiebeln und den Knoblauch schälen.

Den Knoblauch fein hacken und die Zwiebeln in grobe Streifen schneiden. Beides mit den Kartoffelspalten zum angebratenen Fleisch geben und ebenfalls anbraten. Salzen und pfeffern.

Mit dem Paprikapulver bestreuen und leicht anschwitzen.

Mit dem Bier ablöschen, umrühren und zugedeckt im Backofen ca. 50 Minuten schmoren lassen.

Vor dem Servieren mit Thymianblättern bestreuen. Als Beilage eignet sich ein einfacher grüner Salat.

Nichts mag ich lieber als Hähnchen – die knusprige Haut und das saftige Fleisch. Und damals so eine Hähnchenkeule einfach aus der Hand zu essen war das Köstlichste, was ich mir vorstellen konnte. Ach ja, und das Gemüse war auch ganz lecker.

Knusprige Hähnchenschenkel auf Kartoffel-Mais-Gemüse

ZUTATEN FÜR 4 PERSONEN:

1 EL Chilipulver
1 EL Paprikapulver
4 EL Pflanzenöl
Salz und Pfeffer
4 Hähnchenschenkel
400 g mehligkochende Kartoffeln
2 rote Paprikaschoten
2 Peperoni
3 Knoblauchzehen
2 Zwiebeln
200 g Mais aus der Dose
300 ml Sahne
300 ml passierte Tomaten
etwas Oregano

Das Chili- und Paprikapulver mit der Hälfte des Öls vermischen, salzen und pfeffern und damit die Hähnchenschenkel marinieren.

Den Backofen auf 180 °C Umluft vorheizen.

Die Kartoffeln waschen, schälen, nochmals waschen und in kleine Würfel schneiden. Die Paprikaschoten und die Peperoni halbieren, entkernen und in feine Würfel schneiden.

Die Knoblauchzehen und die Zwiebeln schälen, jeweils in feine Würfel schneiden und in einem Bräter mit dem Rest des Öls anschwitzen.

Bevor die Zwiebeln Farbe bekommen, die Kartoffelwürfel dazugeben und ebenfalls etwas anschwitzen.

Nun die Paprika- und Peperoniwürfel und den Mais hinzugeben. Salzen und pfeffern.

Sahne, passierte Tomaten und Oregano hinzugeben und alles einmal aufkochen.

Den Bräter in den Backofen stellen und ein Ofengitter darüberlegen. Auf dem Gitter die marinierten Hähnchenkeulen so platzieren, dass der Bratensaft der Keulen in das Gemüse tropfen kann. 45 Minuten garen.

Da ist sie nun, die schon erwähnte Lammkeule aus unserem großen Ofen. Wenn ich die Augen schließe und mir vorstelle, wie Oma damals die unglaublich schwere Ofenklappe öffnete, dann habe ich noch heute diesen Duft von frischen Kräutern, Knoblauch und geschortem Lamm in der Nase und mir läuft das Wasser im Mund zusammen.

Saftige Lammkeule

ZUTATEN FÜR 4 PERSONEN:

1 frische Lammkeule
1 EL Pflanzenöl
1 Zweig Rosmarin
2 EL Senf
5 Knoblauchzehen
2 EL Oregano
100 ml Olivenöl
Salz und Pfeffer
600 g kleine mehligkochende Kartoffeln
300 g Schalotten
200 g Kirschtomaten

Den Backofen auf 160 °C Ober-/Unterhitze vorheizen.

Die Lammkeule in Pflanzenöl im Bräter von allen Seiten goldbraun anbraten.

In der Zwischenzeit die Marinade vorbereiten: Die Nadeln vom Rosmarin abzupfen. Mit Senf, Knoblauch, Oregano, Olivenöl, Salz und Pfeffer in ein Gefäß geben und alles gut mit einem Pürierstab pürieren.

Die Lammkeule aus dem Bräter nehmen, etwas abkühlen lassen und mit der Marinade gut einstreichen.

Die Kartoffeln waschen, halbieren und im gleichen Bräter anbraten, bis sie schön gebräunt sind.

Die Schalotten schälen, halbieren, zu den Kartoffeln geben und mit Salz und Pfeffer würzen.

Jetzt die angebratene und marinierte Lammkeule auf die Kartoffeln und Schalotten geben. Die Kirschtomaten waschen, halbieren und zur Lammkeule geben.

Im Backofen mit einem Kernthermometer bis 60 °C im Kern der Keule fertig garen. Die Garzeit beträgt ca. 90 Minuten.

Dass unser damaliger Koch, der Ernst aus Österreich, hier ein zweites Mal erwähnt wird, ist seiner Kochkunst geschuldet. Ein toller Mensch, der mir ein guter Freund wurde und Omas Küche zu neuen Einflüssen verhalf. So auch mit diesem Rezept.

Szegediner Gulasch

ZUTATEN FÜR 4 PERSONEN:

1 kg Gulaschfleisch vom Schwein
3 EL Pflanzenöl
4 Zwiebeln
750 g Sauerkraut
4 TL mildes Paprikapulver
½ TL gemahlener Kümmel
½ TL Cayennepfeffer
Salz und Pfeffer
Wasser zum Auffüllen
750 ml saure Sahne

Den Backofen auf 150 °C Umluft vorheizen.

Die Gulaschstücke in einem heißen Bräter mit Öl von allen Seiten gleichmäßig anbraten, ohne sie zum Kochen zu bringen. Ist die Bratfläche nicht groß genug, das Fleisch in 2 Portionen anbraten.

Die Zwiebeln schälen, in Streifen schneiden, hinzugeben und mit anbraten.

Anschließend das Sauerkraut mit anschwitzen.

Paprikapulver, Kümmel und Cayennepfeffer hinzugeben. Kräftig mit Salz und Pfeffer würzen.

Die Gewürze mit anschwitzen und dann die saure Sahne unterrühren.

Mit etwas Wasser auffüllen, bis alles bedeckt ist.

Zugedeckt 120 Minuten im Ofen schmoren lassen, dabei gelegentlich umrühren.

Wenn das frische Gemüse im Herbst weniger wurde, kamen immer mehr Kohlgerichte auf die Speisekarte. Schnitzel liefen aber das ganze Jahr über sehr gut. Vielleicht hatte Oma beim ständigen Schnitzelklopfen die Idee, diese mal mit Sauerkraut zu füllen.

Sauerkrautroulade

ZUTATEN FÜR 4 PERSONEN:

8 kleine Schweineschnitzel aus dem Rücken
2 TL Senf
Paprikapulver
Salz und Pfeffer
300 g Sauerkraut
3 El Pflanzenöl
2 Zwiebeln
½ TL gemahlener Kümmel
400 ml Sahne

Die Schnitzel mit einem Fleischklopfer sehr dünn plattieren. Das geht am besten, wenn man das Fleisch zwischen 2 Folien legt.

Den Senf mit Paprikapulver, Salz und Pfeffer vermengen und damit die Schnitzel von einer Seite bestreichen.

Den Backofen auf 160 °C Umluft vorheizen.

⅔ des Sauerkrauts auf den Schnitzeln verteilen und sehr eng und fest aufrollen. Mit einem Zahnstocher fixieren und in einem Bräter mit dem Öl anbraten.

Die Zwiebeln schälen und in feine Streifen schneiden.

Die Röllchen wieder herausnehmen und nun die Zwiebeln und das restliche Sauerkraut in den noch heißen Bräter geben.

Kurz schmoren und mit Salz, Pfeffer und Kümmel würzen.

Mit der Sahne aufgießen, aufkochen lassen und die Röllchen in die Sahne setzen.

Zugedeckt im Ofen für 50 Minuten schmoren.

Als Beilage ein Kartoffelpüree reichen.

Habe ich bereits erwähnt, dass ich Hähnchen liebe? Aber als ich sah, dass Oma einfach Zitronen hineingab, war ich als Schulkind schon etwas verwirrt. Ich konnte mir einfach nicht vorstellen, dass so etwas schmeckte, nach dem Motto: »Was der Bauer nicht kennt …«. Heute gehört dieses Hähnchen zu meinen Lieblingsgerichten.

Zitronenhähnchen

ZUTATEN FÜR 4 PERSONEN:

2 Maishähnchen
Salz und Pfeffer
4 ungespritzte Zitronen
3 Zwiebeln
4 Knoblauchzehen
3 EL Olivenöl
4 Zweige Thymian
500 g mehligkochende Kartoffeln

Die Hähnchen auch von innen säubern und bei Bedarf Federkiele entfernen. Von innen mit Salz und Pfeffer würzen.

Den Backofen auf 160 °C Umluft vorheizen.

3 der Zitronen waschen und grob zerschneiden. Die Zwiebeln und die Knoblauchzehen schälen und ebenfalls grob zerteilen.

Die Zitronenstücke mit etwas Olivenöl, den Thymianzweigen sowie je ⅔ von Zwiebeln und Knoblauch vermischen. Die Hähnchen damit füllen. Mit einem Bindfaden die Keulen zusammenbinden, sodass die Füllung nicht herausfallen kann.

Die restliche Zitrone ausdrücken, mit Olivenöl, Salz und Pfeffer verrühren und damit das Hähnchen von außen marinieren.

Die Kartoffeln ungeschält waschen und der Länge nach vierteln. Mit Olivenöl und dann mit den restlichen Zwiebeln und Knoblauchzehen vermengen.

Die Kartoffeln in einen Bräter geben und die Hähnchen direkt daraufsetzen.

Salzen und pfeffern und für 75 Minuten im Ofen garen.

Im Bräter servieren. Als Beilage Kopfsalatherzen in Rahm servieren.

Der Bauer nebenan hat noch Schweine selbst geschlachtet. Aus dem Kinderzimmer war es ein etwas eigentümlicher Ausblick auf so eine Szene. Aber auch irgendwie normal. Und ich habe so früh gelernt, dass alles verarbeitet werden muss. Heute heißt es: »Nose to Tail«. Das kannte Oma nicht – und trotzdem wurde es gemacht.

Hackbällchen in Tomatensoße

ZUTATEN FÜR 4 PERSONEN:

1 Brötchen
50 ml Milch
150 g Mozzarella
2 Zwiebeln
3 EL Pflanzenöl
2 EL Olivenöl
3 Knoblauchzehen
800 ml stückige Tomaten
Salz und Pfeffer
1 EL Oregano
200 ml saure Sahne
1 Prise Zucker
500 g gemischtes Hack
Muskatnuss

Das Brötchen in der Milch einweichen. Den Mozzarella grob reiben.

Den Backofen auf 180 °C Ober-/Unterhitze vorheizen.

Die Zwiebeln schälen und fein würfeln. Die Hälfte der Zwiebelwürfel mit 1 EL Pflanzenöl anschwitzen.

Den Knoblauch schälen und in feine Würfel schneiden. Mit den restlichen Zwiebeln in Olivenöl anschwitzen.

Tomaten, Salz, Pfeffer und Oregano dazugeben. Die Tomatensoße für 10 Minuten köcheln lassen. Saure Sahne und Zucker dazugeben und pürieren. Mit Salz und Pfeffer abschmecken.

Das Hack mit den angeschwitzten Zwiebeln, Salz, Pfeffer, Muskatnuss und dem eingeweichten Brötchen vermengen.

Kleine Hackbällchen formen und in dem restlichen Pflanzenöl anbraten.

Die angebratenen Hackbällchen in eine Auflaufform setzen.

Die heiße Tomatensoße über die Hackbällchen geben, mit dem geriebenen Käse bestreuen und im Backofen ca. 15–20 Minuten goldgelb überbacken.

Ganz früher, noch vor Omas Zeit, als alle zur Feldarbeit mussten, wurde oft Essen in Töpfen vor der Arbeit zum Steinofen des Bäckers gebracht. Der war mit seiner Arbeit fertig und der Ofen hatte noch genügend Hitze für viele Töpfe des Dorfes. Und wenn man zurückkam, war das Essen im Bäckerofen schon fertig und warm.

Bäckerofen

ZUTATEN FÜR 4 PERSONEN:

400 g Schweinenacken
400 g Lammschulter
1 Stange Lauch
4 Karotten
2 Lorbeerblätter
1 EL Thymian
2 Nelken
1 EL Pfefferkörner
1 Flasche trockener Weißwein
3 Zwiebeln
5 Knoblauchzehen
800 g mehligkochende Kartoffeln
150 g Butter
Salz
½ Bund Petersilie

Den Backofen auf 200 °C Umluft vorheizen.

Schweine- und Lammfleisch in gleichmäßige nicht zu kleine Stücke schneiden. Den Lauch waschen und in breite Ringe schneiden. Die Karotten schälen und in längliche dicke Scheiben schneiden.

Lorbeer, Thymian, Nelken und Pfefferkörner in ein Tee-Ei geben und zum Fleisch in eine Schüssel legen. Das Gemüse darauf verteilen. Alles mit Weißwein übergießen und wenigstens über Nacht zugedeckt kalt stellen. Je länger er reift, desto besser wird der Eintopf.

Am Tag des Zubereitens die Zwiebeln und den Knoblauch schälen und fein schneiden. Fleisch und Gemüse aus dem Wein nehmen. Die Kartoffeln waschen, schälen, nochmals waschen und in dicke Scheiben schneiden.

Einen Bräter mit etwas Butter einfetten. Den Bräter mit der Hälfte der Zwiebeln und dem Knoblauch bestreuen. Darauf dann die Hälfte der Kartoffelscheiben, die Fleischwürfel, die restlichen Zwiebelscheiben und wieder Kartoffeln geben. Dabei jede Schicht leicht salzen und das Tee-Ei mit den Gewürzen in der Mitte platzieren.

Auf die oberste Schicht Kartoffeln die restliche Butter in kleinen Stücken geben und den Einlegefond darübergießen. Mit einem Deckel fest verschließen und im Backofen 2 ½ Stunden schmoren.

Die Petersilie waschen, zupfen, fein hacken und über den fertigen Bäckerofen geben.

Niemand konnte so gut Apfelstrudel machen wie Oma. Faszinierend war das hauchdünne Ausziehen des Teiges auf dem Tuch. Und da lag es nahe, das statt mit Äpfeln auch mal mit Kohl zu versuchen.

Omas Kohlstrudel

ZUTATEN FÜR 4 PERSONEN:

½ Weißkohl
2 Zwiebeln
300 g Rinderhack
2 EL Pflanzenöl
Salz und Pfeffer
gemahlener Kümmel
1 Paket Strudelteig aus dem Kühlregal
50 g Paniermehl
etwas Sahne

Den Weißkohl vom Strunk befreien und in feine Streifen schneiden.

Die Zwiebeln schälen und ebenfalls fein schneiden.

Das Hackfleisch mit dem Öl in einer großen Pfanne anbraten.

Die Zwiebeln und den Kohl hinzugeben und ebenfalls mit anbraten.

Mit Salz, Pfeffer und Kümmel würzen. Mit einem Deckel verschließen und den Kohl gar schmoren.

Die Kohlmischung aus der Pfanne nehmen und auskühlen lassen.

Den Backofen auf 200 °C Umluft vorheizen.

Den Strudelteig ausbreiten, mit Paniermehl als Isolationsschicht und mit der kalten Kohlmischung bestreuen.
Dabei die Ränder frei lassen.

Nun diese Ränder einschlagen und von der Länge her den Strudel aufrollen.

Auf ein mit Backpapier ausgelegtes Backblech legen und mit etwas Sahne bepinseln. Darüber noch sehr wenig gemahlenen Kümmel streuen und im Ofen für 20 Minuten goldgelb backen.

Passt perfekt zu einem Salat.

Ähnlich wie bei den Lammkeulen stieg erst mal eine riesige Wolke an die Küchendecke, wenn die schwere Ofentür geöffnet wurde. Und dann dieses Geräusch von unzähligen Haxen, die zischend und krachend im Ofen knusprig wurden. Gelegentlich wurden diese auch mit Bier übergossen, was die Szene noch dramatischer machte.

Knusprige Schweinshaxe

ZUTATEN FÜR 4 PERSONEN:

4 Eisbeine/Haxen
2 EL Salz
2 Gemüsebunde
2 Zwiebeln
2 Lorbeerblätter
1 TL Piment
1 EL Pfefferkörner
2 Nelken
2 EL Tomatenmark
2 Flaschen herbes Bier

Die Haxen in einem großen Topf mit Wasser bedeckt zum Kochen bringen und das Salz hinzugeben.

1 Gemüsebund waschen und falls nötig schälen. Das Gemüse grob zerkleinern und zusammen mit den Gewürzen zu den Eisbeinen geben.

Die Haxen nun 90 Minuten leicht köcheln lassen. Die Haxen sind gar, wenn sich das Fleisch leicht von den Knochen löst. Die Haxen herausnehmen und mit einem sehr scharfen Messer die weiche Haut rautenförmig einschneiden.

Den Backofen auf 180 °C Umluft vorheizen.

Das zweite Gemüsebund schälen beziehungsweise waschen. Die Zwiebeln schälen und das Gemüse in 2 cm große Stücke schneiden. Gemüse und Zwiebeln in einem Bräter anbraten. Hat das Gemüse Farbe angenommen, das Tomatenmark einrühren und kurz mit anschwitzen. Mit etwas Bier ablöschen. Flüssigkeit einkochen lassen. Sobald das Gemüse wieder zu braten beginnt, erneut mit etwas Bier ablöschen. Diesen Vorgang ein weiteres Mal wiederholen. Mit dem restlichen Bier und 800 ml vom Kochfond auffüllen und 30 Minuten köcheln lassen.

Die Haxen auf einem Rost über den Soßenansatz legen und im Backofen knusprig werden lassen.

Den Bräter mit der Soße aus dem Ofen nehmen und das enthaltene Gemüse mit dem Bratenfond pürieren.

Währenddessen die Haxen kurz auf 220 °C Ober -/Unterhitze richtig knusprig werden lassen.

TIPP:
Der restliche Kochfond eignet sich hervorragend für Eintöpfe.

Wer noch nie Schwarte probiert hat, die aussieht, als wäre [illegible] Popcorn, noch nie gehört hat, wie es klingt, wenn man sie isst, und wer noch nie diesen unglaublichen Geschmack erlebt hat – der sollte unbedingt mal dieses Rezept aus Omas Küche probieren.

Krustenbraten

ZUTATEN FÜR 8 PERSONEN:

2 ½ kg Schweineschulter mit Schwarte
7 Nelken
7 Lorbeerblätter
2 Zwiebeln
Salz
Pfeffer, frisch gemahlen

Den Backofen auf 160 °C Ober-/Unterhitze vorheizen.

In einem passenden Topf die Schweineschulter mit 2 Nelken, 2 Lorbeerblättern, den Zwiebeln, Salz, Pfeffer und mit Wasser bedeckt zum Kochen bringen. 20 Minuten köcheln lassen.

Nach 20 Minuten die Schweineschulter aus dem Topf nehmen und die Schwarte rautenförmig einschneiden. Das Messer sollte sehr scharf und die Rauten möglichst klein sein.

Die Schweineschulter jetzt mit Pfeffer und Salz würzen. Die Gewürze dabei gut einmassieren.

Die restlichen 5 Lorbeerblätter jeweils in 2 Teile brechen und alle Stücke gleichmäßig verteilt in die Schnitte der Schwarte stecken.

Ebenso die restlichen 5 Nelken verteilt in die Schnitte stecken.

Die Schweineschulter für ca. 2 ½ Stunden im Ofen garen.

Um die Schwarte richtig knusprig werden zu lassen, den Ofen nun auf 220 °C Oberhitze umschalten.

Wenn fast alle Rauten der Schwarte aufplatzen wie Popcorn, den Krustenbraten aus dem Ofen nehmen. Die Kruste vom Braten lösen und extra servieren. Den Braten nun wie gewohnt aufschneiden.

Als Beilage passen Krautsalat, süßer Senf und Laugenstangen.

Bei schönem Wetter im Hochsommer direkt am See zu sitzen war für unsere Gäste ein Grund, uns zu besuchen. Das frisch gezapfte Bier und die knusprigen Bratkartoffeln lieferten weitere Gründe. Aber es gab auch viele, die kamen nur wegen Omas Roastbeef. Kalt geschnitten mit selbst gemachter Remoulade.

Roastbeef aus dem Ofen

ZUTATEN FÜR 8 PERSONEN:

2 kg Roastbeef
3 EL Pflanzenöl
Salz und Pfeffer
2 Rosmarinzweige
2 Thymianzweige
2 Knoblauchzehen

Das Roastbeef von den Sehnen und der Fettschicht befreien.

Den Backofen auf 90 °C Umluft vorheizen.

Das Fleisch in einem ausreichend großen Bräter mit etwas Pflanzenöl bei hoher Temperatur von beiden Seiten scharf anbraten. Hierbei gibt es keine feste Zeitangabe. Das Fleisch soll nur eine schöne braune Farbe bekommen. Dann umdrehen und von der anderen Seite ebenfalls nur kurz anbraten.

Das Fleisch auf einen Rost (über einem Backblech) geben und kräftig mit Salz und Pfeffer von beiden Seiten würzen.

Darauf die Rosmarin- und Thymianzweige verteilen. Die ungeschälten Knoblauchzehen mit dem Handballen zerdrücken und ebenfalls auf dem Roastbeef verteilen. Auf diese Weise gibt der Knoblauch nur etwas von seinem Aroma ab.

Nun am besten ein Kernthermometer verwenden. Die Nadel des Thermometers von der Seite in die dickste Stelle des Fleisches stecken. In den Backofen geben und so lange garen, bis eine Kerntemperatur von 54 °C erreicht worden ist. Je nach Größe des Fleisches variiert die Zeit, die nun benötigt wird.

Sind 54 °C erreicht, den Ofen ausschalten und die Backofentür einen Spalt öffnen. Das Fleisch noch etwa 20 Minuten ruhen lassen.

Das Roastbeef nun warm servieren oder nach Belieben noch auskühlen lassen.

TIPP:
Wer kein Kernthermometer zur Hand hat, sollte darauf achten, dass sich auf dem Fleisch deutlich Fleischsaft abgesetzt hat. Ein Zeichen dafür, dass das Fleisch medium gebraten ist.

An dieser Stelle eine kleine Anekdote aus meiner Zeit als Prüfer für angehende Köche. Ein Prüfling hatte die Aufgabe, einen Falschen Hasen zuzubereiten. Dass er allerdings die rohen Eier (!) mit Schale im Hackbraten gegart hatte, wurde uns erst bei der Verkostung klar. Unvergesslich! Wie seine Karriere weiterging, ist nicht überliefert.

Falscher Hase

ZUTATEN FÜR 4 PERSONEN:

6 Eier
2 altbackene Brötchen
50 ml Milch
1 Zwiebel
1 EL Pflanzenöl
50 g Butter
50 g Paniermehl
800 g gemischtes Hackfleisch
1 EL Senf
Salz und Pfeffer

4 Eier für 10 Minuten kochen, abschrecken und pellen.

Die Brötchen in eine Schüssel legen, mit der Milch übergießen und einweichen lassen.

Den Backofen auf 180 °C Umluft vorheizen.

Die Zwiebel schälen und fein würfeln. Öl in einer Pfanne sanft erhitzen und die Zwiebel darin bei geringer Hitze etwas anschwitzen. Aus der Pfanne nehmen und auskühlen lassen.

Eine Kastenform mit der Butter ausfetten und mit dem Paniermehl ausstreuen.

Die restlichen 2 Eier, Zwiebelwürfel und die eingeweichten Brötchen zum Hackfleisch geben und kräftig mit Senf, Salz und Pfeffer würzen. Alles gut zu einem Teig verkneten. Die Hälfte davon in die Kastenform geben.

Die gekochten Eier in einer Reihe auf das Hackfleisch geben und mit dem restlichen Fleisch bedecken.

Für 50 Minuten im Ofen garen.

Weihnachtsessen. Unser Weihnachtsfest spielte sich nur an Heiligabend ab. An den beiden Feiertagen wurde stramm gearbeitet. Als Kinder durften wir die neuen Spielsachen ausprobieren und später am Tresen helfen. Umso wichtiger war uns allen dieser eine Abend mit tollem Essen. Danke, Oma.

Hirschrückenfilet mit Maronenkruste auf Apfel-Sahne-Soße

ZUTATEN FÜR 4 PERSONEN:

300 g Maronenpüree
100 g Paniermehl
2 Eier
1 EL Olivenöl
Salz und Pfeffer
etwas Thymian
2 Äpfel
800 g Hirschrückenfilet
1 EL Pflanzenöl
2 EL Honig
500 ml Sahne
Muskat

Den Backofen auf 120 °C Umluft vorheizen.

Aus Maronenpüree, Paniermehl, Eiern, Olivenöl, Salz, Pfeffer und etwas Thymian die Maronenkruste herstellen.

Die Äpfel schälen, vierteln und entkernen. Jedes Viertel nochmals halbieren.

Das Hirschrückenfilet von allen Sehnen und Häuten befreien und in einer Pfanne mit dem Pflanzenöl von allen Seiten kurz anbraten.

Mit Salz und Pfeffer würzen, mit der Maronenkruste bedecken. Mit einem Kernthermometer im Ofen bis 60 °C Kerntemperatur garen. Den Hirschrücken danach noch 5 Minuten ruhen lassen.

In der benutzten Pfanne den Honig goldgelb karamellisieren. Die Apfelspalten dazugeben und anschwitzen. Die Sahne hinzufügen und dicklich einkochen lassen. Mit Salz, Pfeffer und Muskat würzen.

Den Bratensaft vom Hirsch in die Apfelsahne geben, glatt rühren und servieren.

Unser Wald vor der Tür hatte schon so manche unheimliche Ecke, aber Räuber sind dort wohl selten gewesen. Was dieses Gericht mit Gesetzlosen zu tun haben soll, ist mir auch nicht bekannt. Klar ist aber eins: Der Räubertopf ist so lecker, dass man ihn stehlen möchte.

Räubertopf

ZUTATEN FÜR 6 PERSONEN:

1 kg mehligkochende Kartoffeln
2 rote Paprikaschoten
2 gelbe Paprikaschoten
1½ kg Gulaschfleisch vom Schwein
3 EL Pflanzenöl zum Anbraten
4 Zwiebeln
4 Knoblauchzehen
3 EL Paprikapulver
Salz und Pfeffer
800 ml stückige Tomaten
500 ml Sahne
500 g Champignons
200 ml saure Sahne

Die Kartoffeln waschen, schälen, nochmals waschen und in kleine Würfel schneiden.

Die Paprikaschoten waschen, halbieren, von den Kernen befreien und in gleichmäßige Stücke schneiden.

Den Backofen auf 160 °C Umluft vorheizen.

Das Gulaschfleisch mit dem Pflanzenöl in einem Bräter kräftig von allen Seiten anbraten.

Zwiebeln und Knoblauch schälen, in Streifen schneiden, zum angebratenen Fleisch geben und mit anschwitzen.

Das Paprikapulver dazugeben und kurz mit anschwitzen.

Nun die Kartoffelwürfel und die Paprikastücke hinzugeben und alles kräftig mit Salz und Pfeffer würzen.

Die stückigen Tomaten und die Sahne hinzugeben und den Bräter in den Ofen stellen. Für 30 Minuten im Ofen schmoren.

Die Champignons putzen, vierteln und nach Ablauf der 30 Minuten zum Ansatz geben. Unterrühren und das Ganze nochmals 30 Minuten schmoren lassen.

Ist der Räubertopf fertig, kleine Tupfen saure Sahne darauf verteilen und direkt im Topf servieren.

immer wenn es schnell gehen musste, und das musste es sehr oft, wurden Eintöpfe und Aufläufe gekocht. Essen für viele Personen oder für zwei Tage. Heute würde man sagen: »One Pot«-Gerichte! Ach weh, wenn Oma das hören würde.

Wirsingauflauf mit Hackfleisch

ZUTATEN FÜR 4 PERSONEN:

800 g mehligkochende Kartoffeln
Salz
1 Wirsing
2 rote Spitzpaprikaschoten
500 g Rinderhack
2 EL Pflanzenöl
1 Zwiebel
2 Knoblauchzehen
Pfeffer
etwas Muskatnuss
4 Eigelb

Die Kartoffeln waschen, schälen, nochmals waschen und mit etwas Salz gar kochen.

Den Backofen auf 200 °C Ober-/Unterhitze vorheizen.

Den Wirsing vierteln, vom Strunk befreien, in feine Streifen schneiden, waschen und abtropfen lassen. Die Paprikaschoten waschen, entkernen und klein schneiden.

Das Hackfleisch in einer Pfanne mit dem Pflanzenöl anbraten. Die Zwiebel und die Knoblauchzehen schälen und fein würfeln. Zum Hackfleisch hinzugeben und leicht mit anbraten.

Den Wirsing und die Paprikastücke hinzugeben und das Ganze salzen und pfeffern.

Die gekochten Kartoffeln abgießen, etwas ausdampfen lassen, mit einem Kartoffelstampfer zerdrücken und mit etwas Muskatnuss würzen. 3 Eigelb unter die Kartoffelmasse arbeiten und die Hälfte der Masse in eine große Auflaufform geben.

Darauf nun die Kohl-Hackfleisch-Mischung verteilen und mit der restlichen Kartoffelmasse locker bedecken.

Das letzte Eigelb mit etwas Wasser verrühren. Mit einem Pinsel auf die obere Kartoffelschicht streichen. Im Ofen goldgelb ca. 20–25 Minuten überbacken.

Süße Ofenideen

Meine Droge heißt Marzipan! Und ich gebe zu, dass ich seit meiner Kindheit abhängig bin. Man sieht mir diesen Drogenkonsum auch etwas am Bauch an. Und dieses Gericht ist auch nicht unschuldig daran. Allein von dem großen Block Marzipan so zu naschen, dass Oma es nicht merkte, war wirklich schwierig.

Omas Birnen-Marzipan-Streusel

ZUTATEN FÜR 4 PERSONEN:

40 g kalte Butter + etwas mehr zum Einfetten
120 g Mehl
70 g Zucker + 50 g für die Füllung
Salz
70 g Mehl
1 Prise Salz
4 Birnen
etwas Zitronensaft
½ TL Zimt
2 EL Rosinen
1 EL Amaretto
50 g Marzipanrohmasse

Vier ofenfeste Förmchen ausbuttern und den Backofen auf 180 °C Umluft vorheizen.

Aus Mehl, 70 g Zucker, Butter und Salz die Streusel kneten und kalt stellen.

Die Birnen schälen, vierteln, entkernen, in feine Würfel schneiden und mit etwas Zitronensaft beträufeln.

Zimt, 50 g Zucker, Rosinen, Amaretto und das Marzipan miteinander vermischen und die Birnenstücke dazugeben.

Alles in die gebutterten Förmchen füllen, reichlich mit Streuseln bedecken und 20 Minuten goldgelb backen.

Dazu passt eine warme Vanillesoße.

Dieser Nachtisch ist Verführung pur. Zuerst unscheinbar im Förmchen, entfaltet er dann aber nach dem Stürzen seine wahre Pracht. Dieses flüssige Karamell mit der zarten Vanillecreme ist einfach unschlagbar.

Karamellpudding

ZUTATEN FÜR 4 PERSONEN:

150 g Zucker
1 Vanilleschote
250 ml Milch
3 Eier
2 Eigelb
250 ml Sahne

Den Backofen auf 100 °C Ober-/Unterhitze vorheizen.

Ein Drittel des Zuckers in einem kleinen Topf goldgelb karamellisieren. Das Karamell auf 4 feuerfeste Schälchen verteilen.

Die Vanilleschote halbieren und mit einem Messerrücken das Mark herauskratzen. Schote, Mark und verbleibenden Zucker mit der Milch für 15 Minuten erwärmen, sodass sich das Vanillearoma entfalten kann.

Die Eier mit dem Eigelb und der Sahne verquirlen und die warme Vanillemilch durch ein feines Sieb zur Sahne-Ei-Mischung geben. Vorsichtig verrühren, denn es sollte sich kein Schaum bilden.

Die Mischung auf das Karamell in den Förmchen gießen und diese in ein Backblech mit 1 cm Wasser stellen. Im Backofen für 90 Minuten garen.

Die Förmchen erkalten lassen. Dann auf kleine Teller stürzen, sodass die flüssige Karamellsoße darüberläuft.

Erdbeeren gab es bei uns im Frühsommer an jeder Ecke. Auch zum Selberpflücken. Das hat mich aber nie gereizt – aufgrund des übermäßigen Angebots waren sie selten eine kulinarische Überraschung. Aber für sehr große Augen sorgte dieses Dessert, als Oma es zum ersten Mal auftischte.

Erdbeeren mit Haube

ZUTATEN FÜR 4 PERSONEN:

1 Vanilleschote
250 g Erdbeeren
50 g Zucker
20 g Butter
3 Eiweiß
1 Prise Salz
3 Eigelb
20 g Mehl
Puderzucker

Den Backofen auf 220 °C Ober-/Unterhitze vorheizen.

Die Vanilleschote halbieren und mit einem Messerrücken das Mark herauskratzen.

Die Erdbeeren waschen, in kleine Stücke schneiden und mit 10 g Zucker vermischen.

Eine Auflaufform mit der Butter ausfetten und die Erdbeeren darin verteilen.

Das Eiweiß in einer Küchenmaschine mit dem Salz zu festem Eischnee schlagen. Den restlichen Zucker und das Vanillemark unterrühren.

Etwas Eischnee mit dem Eigelb verrühren und wieder zum Eischnee geben. Das Mehl durch ein feines Sieb darübergeben und mit einem Löffel alles vermengen.

Die Eischneemasse auf die Erdbeeren geben und etwas in Form bringen. Im Backofen in 10 Minuten goldgelb backen und mit Puderzucker bestreuen.

Ich gebe zu, der Name ist schwierig. Macht irgendwie keine Lust. Und ob Ofenschlupfer nun die bessere Bezeichnung ist, sei mal dahingestellt. In jedem Fall ist dieses Rezept so unglaublich gut und der Pudding so lecker. Am besten schmeckt er, wenn er noch schön warm ist und mit Vanillesoße gekrönt wird.

Brotpudding

ZUTATEN FÜR 4 PERSONEN:

500 g altbackenes helles Brot (ohne Körner)
1 Vanilleschote
5 Eier
300 ml Milch
150 g Zucker
2 EL Rosinen
Puderzucker zum Bestäuben

Das Brot in Würfel schneiden.

Die Vanilleschote halbieren und das Mark herauskratzen.

Die Eier mit Milch, Vanillemark und Zucker vermengen.

Die Rosinen und die Milchmischung über das Brot geben, alles ohne Druck vorsichtig miteinander vermengen und 20 Minuten quellen lassen.

Den Backofen auf 100 °C Umluft vorheizen.

Diese Mischung in eine mit Frischhaltefolie ausgekleidete Kastenform geben. Mit der überhängenden Folie abdecken.

In ein Backblech 1 cm hoch Wasser füllen, die Form hineinstellen und im Ofen für 75 Minuten garen.

Aus der Form stürzen, die Folie entfernen, in gleichmäßige Scheiben schneiden und mit Puderzucker bestäuben.

Dazu eine Vanille- oder Fruchtsoße servieren.

Es gab wenig, was Oma nicht kochen mochte. Dazu gehörte aber der klassische Milchreis. Sie hatte einfach keine Geduld, ständig auf der Herdplatte zu rühren. Deshalb gab es bald diese Ofenvariante.

Milchreis mit Äpfeln und Zimt

ZUTATEN FÜR 4 PERSONEN:

2 säuerliche Äpfel
1 Vanilleschote
250 g Milchreis
1 l Milch
150 g Zucker
1 EL Zimt
Abrieb einer Orange

Den Backofen auf 160 °C Umluft vorheizen.

Die Äpfel schälen, vierteln, entkernen und in kleine Würfel schneiden. Die Vanilleschote aufschneiden und das Mark mit einem Messerrücken herauskratzen.

Alle Zutaten in eine feuerfeste Form geben und miteinander vermengen. Zugedeckt im Backofen ca. 1 Stunde garen und dabei gelegentlich durchrühren.

TIPP:
Die Vanilleschote beim Garen im Milchreis belassen, so gibt sie den Geschmack noch stärker ab.

hygge
Party

Zutatenregister

Rezeptregister

Calle

Bibliografische Information der Deutschen Nationalbibliothek
Die Deutsche Nationalbibliothek verzeichnet diese Publikation in der Deutschen Nationalbibliografie. Detaillierte bibliografische Daten sind im Internet über http://dnb.d-nb.de abrufbar.

Für Fragen und Anregungen
info@rivaverlag.de

Wichtiger Hinweis
Ausschließlich zum Zweck der besseren Lesbarkeit wurde auf eine genderspezifische Schreibweise sowie eine Mehrfachbezeichnung verzichtet. Alle personenbezogenen Bezeichnungen sind somit geschlechtsneutral zu verstehen.

Originalausgabe
1. Auflage 2022

Türkenstraße 89
80799 München
Tel.: 089 651285-0
Fax: 089 652096

Redaktion: Ulrike Reinen
Umschlaggestaltung: Isabella Dorsch
Umschlagabbildungen: Vorderseite: Stephanie Just; Rückseite: Sascha Koglin, Stephanie Just
Abbildungen Innenteil: S. 4, 6, 8, 30, 44, 61, 106, 121: Sascha Koglin; alle anderen Bilder: Stephanie Just
Satz: inpunkt[w]o, Haiger (www.inpunktwo.de)
Druck: Firmengruppe APPL, aprinta Druck, Wemding
Printed in Germany

ISBN Print 978-3-7423-2206-7
ISBN E-Book (PDF) 978-3-7453-1972-9
ISBN E-Book (EPUB, Mobi) 978-3-7453-1973-6